부자의 언어
100개의 철학

The Wealthy Gardener

Life Lessons on Prosperity Between Father and Son

매일 마음에 새기는

부자의 언어
100개의 철학

존 소포릭

이한이 옮김

윌북

이 책의 활용법

· 『부자의 언어』(월북, 2020)에 수록된 글 중 100개의 핵심 문장을 가려 뽑은 책입니다.

· 오른쪽 면에 직접 따라 써볼 수 있도록 필사 노트 공간을 마련했습니다. 아래쪽에는 그날그날 자유롭게 스스로 응원을 전할 수 있는 '나에게 건네는 한마디' 칸을 두었습니다. 다이어리처럼 활용해도 좋습니다.

· 100일 동안 날마다 부의 언어를 읽고 새기면서 부자의 태도를 다듬어보세요. 유독 마음을 울리는 문장이 있다면 반복하여 써봐도 좋습니다.

세상에서 가장 부유한 정원사가 될

_____ 의 책

우리 친애하는 정원사들에게,

삶은 경쟁이고, 그 경쟁 상대는 시간이다.

삶의 의미는 목적 있는 삶이며 여러분은 그 내용을 선택할 수 있다.

운명은 없다. 오직 결정만이 있을 뿐이다.

하지만 시곗바늘은 째깍째깍 움직인다.

게임에서 승리하기 위해서는, 오직 하루하루 승리해야만 한다.

하루를 승리하기 위해서는, 웃으라.

하루를 승리하기 위해서는, 감사하라.

하루를 승리하기 위해서는, 목적을 가지고 시간을 쓰라.

마음이 이끌리는 곳으로 가라.

내면의 지혜는 언제나 진실하다.

여러분이 자신의 길을 선택할 자유를 얻기를 바란다.

부의 정원사

STEP 1

정원 일 배우기

"하루하루는 모두 하나의 씨앗과도 같다."

정원사는 땅을 일구는 노력을 아까워하지 않아야 한다.
또한 겉으로 보이는 자연 뒤에 자리한,
보이지 않는 불가해한 힘들이
식물을 자라게 한다는 사실도 알아야 한다.

001 **Seek Prosperity**

나에게 건네는 한마디

"진정으로 돈보다 중요한 게 훨씬 많지.

하지만 '돈 문제'를 극복해야

다른 중요한 것에 집중할 수 있어.

돈과 시간이 없으면

자기 인생을 뜻대로 살아갈 수 없게 돼."

"돈으로 풀 수 있는 문제가 닥쳤을 때,

그걸 해결하려면 돈이 있어야 해.

그러면 그건 사소한 문제가 돼.

하지만 그럴 돈이 없다면,

가장 사소한 문제가

인생에서 가장 끔찍한 문제가 될 수도 있어."

002 Seek Prosperity

나에게 건네는 한마디

당신에게 지금의 삶과 현재 상황에

만족하라고 말하는 사람을 경계하라.

오직 당신만이

자신의 영혼이 어떤 상황에서 만족하는지 알 수 있다.

오직 당신만이

자신의 야망이 어디로 향하는지 느낄 수 있다.

003 **Seek Prosperity**

나에게 건네는 한마디

"미래에 대한 확실한 보장은 그 어디에도 없다네.
그럼에도 우리는 계속 나아가야 하지.
그렇지 않으면 이미 가진 것만 가지고 살 수밖에 없어."

주어진 시간에 충실하고 게으름을 피우지 말라.
자신의 재능을 사용하고, 현명하게 일하고, 씀씀이를 관리하라.
존엄성을 잃지 말고 살아가되, 가치 있는 명분에 기여하고,
어떤 사람이 될지 내면의 목소리를 따르라.

나에게 건네는 한마디

아무리 넘치는 재능을 타고났을지라도,
시간을 헛되이 보낸다면 아무런 소용이 없다.
모든 성공에는 대가가 따른다.
지금 우리의 모습은
우리가 그동안 보낸 시간의 결과물이다.
매 순간에 충실히 임하지 않는다면
자신이 지닌 잠재력을 스스로 깎아먹게 된다.

"인생을 사랑하는가? 시간을 낭비하지 마라.
가장 중요한 원료로만 인생을 채워라."

005 **Judgment Day**

나에게 건네는 한마디

"제대로 된 일을 하는 것이
일을 제대로 하는 것보다 훨씬 중요하다."

명확한 목표를 세우고
그 목표에 다다르기 위한 효율적인 방법을 성실하게 고민하라.
방법을 찾고 나면,
그 작은 활동을 반복하여 정성스럽게 쌓아나가라.
상상하지 못할 정도로 거대한 결과를 마주하게 될 것이다.

나에게 건네는 한마디

지금 일만으로도 너무 바빠 무언가 더 할 수 없다고 생각하는가?
진정 시간이 없는지 되돌아보라.
사실 모든 것은 본인의 선택이다.

바쁘다는 핑계로 지금 상태를 유지하거나,
변화를 이끌거나.

오늘 보내는 한 시간이 성공의 디딤돌이 될 수 있다.

007 **Impact Hour**

나에게 건네는 한마디

"노동의 의미를 찾지 못하고 있다면,
가장 먼저 네 인생의 목표가 무엇인지 되짚어보렴.
꼭 이루고자 하는 목표가 있다면
우리는 그곳에 다다르기 위해 기꺼이 시간과 에너지를 할애하지.
좋아하는 일만큼, 좋아하지 않는 일을 하는 거야.
최선을 다해 삶을 살아내기 위해서 말이야."

"존엄하지 않은 일은 없다고 말하는 거야.
우리는 모두 더 행복해지고, 제대로 된 방향으로 가고,
목적을 달성할 수 있다네."

나에게 건네는 한마디

"당신이 하는 일이 무엇이든 그건 중요하지 않다.
가장 중요한 건, 당신이 그 일을 하고 있다는 점이다."

"당신이 할 수 있는 것을 해라.
당신이 가지고 있는 것으로, 지금 있는 자리에서."

안쓰러운 사람은 흙투성이 정원사가 아니다.
집 앞 발코니에 앉아 완벽한 일이 찾아오기를 기다리는
깔끔한 정원사다.
그러는 동안 그의 정원은 황폐해질 것이다.

009 **Dignity of Work**

나에게 건네는 한마디

"어느 정원에서든 보이지 않는 힘이

그 정원의 모든 것을 지배하고

영향을 미치는 걸 볼 수 있지.

그런 종류의 힘이 우리 인생에도 존재한다네."

나는 흔들리지 않는 신념과 결과에 대한 확신이

경제적 안정을 끌어당기는 힘으로 작용한다는 것을 배웠다.

가장 바라는 일에 집중하고 끊임없이 상기하자,

경제적 자유가 저절로 따라왔다.

나에게 건네는 한마디

정해진 지출보다 수입이 적다면,

마치 덫에 걸린 것처럼

불안정한 상태에서 헤어 나올 수 없게 된다.

지출 수입 구조를 바꿔 저축할 돈을 키워나가라.

초과 수입 없이 살아남는 건 불가능하다.

011   **Financial Excess**

나에게 건네는 한마디

목적이 있는 정원은 씨앗에 얽매이지 않는다.
정원을 풍성하게 가꾸려면 당신이 추구할 목적을 찾고,
생의 마지막 순간까지 그것을 따라가라.

우리는 특별한 삶을 살면서 대가를 치를 수도,
평범한 삶을 살면서 후회를 할 수도 있다.
특별한 삶은 여가 시간을 희생시키지만,
평범한 삶은 소중한 꿈을 희생시킨다.

나에게 건네는 한마디

나라고 왜 안 되겠는가? 나도 부자가 될 수 있다.
부란 원하는 자의 것이다.
힘과 지혜를 모아 부자의 길에 들어설 것이다.

인간은 엄청난 잠재력을 지닌 존재다.
마음이 분명한 목표에 고정되었을 때 어떤 일이 일어나는지,
우리는 아직 배울 게 많다.

"가장 원하는 결과에 집중해야 한단다.
마음속으로 욕망을 경험하면,
그게 네가 하는 일에 강점으로 작용할 거야.
거기에서 네가 지닌 힘을 발견할 수 있을 거다."

나에게 건네는 한마디

당신은 승리의 날에 관한 이미지를 가지고 있는가?

끝까지 견뎌낼 마음가짐을 지니고 있는가?

전사처럼 싸우고, 자신의 방향대로 나아가고 있는가?

문제에 관해 마음의 준비가 되어 있지 않으면,

그 무게에 짓눌려 무너지게 될 것이다.

일은 문제의 연속이며 모든 문제는 지나간다,

이런 태도가 최선이다.

"쉬운 삶을 기원하지 마라.

강한 사람이 되길 기원해라.

자신의 힘으로 감당할 수 있는 일을 기원하지 마라.

일을 감당할 힘을 기원해라."

나에게 건네는 한마디

"인생의 어떤 단계에서는 그저 견디는 것만 가능해.

그 이상 할 수 있는 게 없지.

그냥 위기인 거야.

시간은 상처를 치유해주지 않아.

우리는 상처를 키워나갈 수 있을 뿐이야.

하지만 그 상처를 지닌 채

세상에서 제 역할을 하며 살아가는 걸 배우지.

절뚝거리면서 최선을 다하는 거야.

그렇게 다시 세상으로 나가야 하지.

그게 나 자신을 위한 게 아니고 다른 사람을 위한 거라 해도 말이야.

우리는 어떤 상황에서든 회복할 수 있다는 믿음을 가져야 해."

015 **Crisis**

나에게 건네는 한마디

인생이 쉽고 편안할 거라고 기대하는 건 망상이다.
예기치 못한 위기를 침착하게 헤쳐나가기 위해서는
내면의 강점과 지혜를 찾아야 한다.
비극은 그것이 변명거리가 될 때만 진정한 비극이 된다.

"견뎌라, 그리고 더 나은 일을 위해 자신을 지켜라."

016 **Crisis**

나에게 건네는 한마디

"나는 꿈을 이루지 못할 거야"라고 말하는 사람은 거의 없다.
하지만 대부분 '언젠가 시작하겠지'라며
꿈을 향해 나아가는 일을 차일피일 미루며
스스로를 기만한다.

'언젠가 하겠지'라며 미루는 일은
당장의 불편과 변화에 대한 불안을 피하려
핑계를 대는 것일 뿐이다.
이러한 마음가짐은 스스로를 수동적으로 만든다.

"우리는 태어나는 순간부터 죽어가고 있다.
매분 매초 죽음으로 향하고 있다는 것을 인식한다면,
우리에게 남은 시간이 많지 않다는 걸 알게 될 것이다.
원하는 게 무엇이든, 당장 뛰어들라.
마치 오늘밖에 남지 않은 것처럼 말이다."

017 **Procrastination**

나에게 건네는 한마디

목표를 구체화하고 간절한 마음으로 노력해나갈 때,
무형의 힘들이 우리에게 협력한다.
최선을 다하고 내면 깊이 믿으면
보이지 않는 힘이 작용하여 기회가 자연스럽게 찾아온다.
신기하게도.

"인생은 늘 우리에게 먼저 속삭여온다.
그 속삭임을 무시한다면,
언젠가는 비명을 지르게 될 것이다."

나에게 건네는 한마디

부를 쌓는 것은 3막짜리 드라마다.

경제적 부는 봄, 여름, 가을 동안 성장한다.

첫 30년은 돈에 대한 배움의 기간이고,

다음 30년은 돈을 버는 기간이며,

마지막 30년은 정확하게 돈을 쓰는 기간이다.

부가 찾아오는 일에도 계절과 주기가 있다.

지금 생의 단계에서 무척이나 힘든 지점에 있다면,

그저 인생의 여름임을 깨닫고 나아가는 일을 멈추지 말라.

나에게 건네는 한마디

"부를 일구겠다는 목적을 가지고 시작하렴.

지금 있는 환경이 네게 좁다고 느껴질 때까지 마음을 넓혀라.

그러면 정원이 정원사의 마음에서 자라나는 걸 목격하게 될 게다.

더 큰 정원을 만드는 방법은,

네가 가진 정원이 가득 차서 네게 맞지 않게 되는 거야.

불가능한 목표를 세우고,

현실에 영향을 주는 활동을 하는 데 전념하거라."

나에게 건네는 한마디

"자신이 목표를 달성할 만큼 똑똑하진 않아 보일 때,
그 일을 하기에 힘이 부족해 보일 때,
정말 최선을 다해 분투하고 있음에도 실패할 것 같을 때,
자기 능력의 끝을 볼 수 있지.
열망과 믿음이 충분하다면,
꿈을 이룰 만한 지력과 힘이 자신에게 있다는 걸 알게 될 거야."

"네가 가진 잠재력이 얼마만 한지 알고 싶다면,
일단 도전하렴.
내가 확실히 아는 건,
잠재력을 완전히 발휘하는 건 우리의 과제이자 의무라는 거야."

021 **Personal Growth**

나에게 건네는 한마디

STEP 2

부의 정원 가꾸기

부를 얻고자 한다면
아무리 험난할지라도 그 여정을 계속해나가야 하고,
지치지 않고 나아가기 위해서는
반드시 뚜렷한 목적이 있어야 한다.

우리는 목적이 있는 인생을 추구하고 앞으로 나아가도록 태어났다.
무엇이 자신을 행동하게 하는지 알게 되면,
자신의 모든 잠재력을 발휘할 수 있게 된다.

나에게 건네는 한마디

내가 하는 일이 세상에 필요한 일인가?

어떻게 하면 내 일을 더 잘할 수 있을까?

나는 대체하기 어려운 사람인가?

내가 하는 일이 얼마나 많은 사람에게 도움을 주는가?

"원하는 만큼 돈을 벌지 못하고 있다면

자신이 하는 일에 대해 이 네 가지 가치를 대입해보자.

소득은 언제나 세상의 관점에서

자신이 세상에 얼마나 많은 기여를 하고 있는지를 반영하거든."

023 **Compensation**

나에게 건네는 한마디

5년은 새 삶을 얻을 준비를 하기에 충분한 시간이다.
자신이 처한 원치 않는 상황을 즉시 바꿀 수는 없지만,
늘 새로운 방향으로 나아갈 수는 있다.
약간 방향을 트는 것으로 목적지가 결정된다.

"크든 작든 가치 있는 성취는
모두 시작과 투쟁과 승리의 단계를 이룬다."

무슨 일이든, 5년간의 개혁으로 가능하다.

나에게 건네는 한마디

저항은 반대 방향으로 움직이는 힘이다.

인간의 타고난 게으름, 꾸물거림, 산만함, 핑계,

생산적인 일 말고 다른 것으로 이끌리는 열망이다.

시급한 일은 우리의 주의를 끌고,

반대로 중요한 일은 저항을 받는다.

저항을 어떻게 이겨낼까?

모든 도전에는 두려움이 내재되어 있다.

그러나 방법은 하나다. 일단 시작하는 것.

시작하기만 하면, 우리는 그 일을 계속해나가곤 한다.

그것이 일의 관성의 법칙이다.

025　**Resistance**

나에게 건네는 한마디

내 목표를 환기시켜주는 정신 수양의 방법은 다음과 같다.

첫째, 확언.

나는 반복적으로 필요한 문장들을 외웠다.

둘째, 이미지화.

나는 주간 목표 및 장기 목표를 최종 달성한 모습을 그려보았다.

셋째, 실행 목표.

나는 실행 목표를 글로 적고, 매일의 실행 계획을 따른다.

성공한 사람의 마음가짐으로 매일을 살면,

모든 것이 스스로 돌볼 것이다.

생산적인 삶은 지난날에 뿌린 수많은 씨앗과 관계있다.

뿌린 대로 거두게 되어 있다.

026 ***Productivity***

나에게 건네는 한마디

힘을 내야만 한다면,

내게 닥친 도전을 뛰어넘기에 힘에 부친다고 느껴진다면,

삶의 시험을 견디는 능력에 의구심이 든다면,

운동은 당신이 지닌 힘을 온전히 발현시켜주는

훌륭한 치료 약이 될 것이다.

"몸이 튼튼할 때, 정신은 강건해진다."

도끼날이 날카로워야 모든 시간이 더 나아진다.

나에게 건네는 한마디

자신감 선언서

부를 향해 나아가는 동안,

누구나 감당하기 힘든 도전에 직면하게 된다.

그러나 그 도전에 뛰어들어 자신의 한계를 넘는 순간,

자기 능력에 대한 자신감, 즉 자기 신뢰를 얻게 될 것이다.

"성공의 첫 번째 비밀은 자기 신뢰다."

.   .

나에게 건네는 한마디

어떻게 하면 자기 신뢰를 얻을 수 있을까?

실행이 우선이다.

성취하겠다는 자신감이 있으면

우리는 자기 자신을 믿고 어떤 대가도 치르고,

어떤 역경도 이겨내며, 실수를 극복할 수 있다.

자신을 믿을지 말지는 스스로 선택하는 것이다.

나에게 건네는 한마디

곡식을 자라게 하려고 땅을 갈 때는 잡초를 뿌리째 뽑아야 한다.

그런데 왜 정신의 잡초들은 뿌리째 뽑지 않는가?

왜 성장하기 위해 마음을 정리하지 않는가?

가족과 친구들이 지닌 경제적 관점을 그대로 받아들이면,

자신이 처한 환경에 갇히게 된다.

새로운 믿음을 가져라.

우리의 삶은 우리가 가진 믿음대로 펼쳐진다.

나에게 건네는 한마디

돈이 새는 걸 관리하지 못하면,

재난이 닥쳤을 때 삶이 취약해진다.

지출을 빡빡하게 관리하지 않고 부를 쌓으려고 애쓰는 건

배수구 마개를 빼고 욕조에 물을 채우는 것과 같다.

나는 돈을 모으는 데 있어서 지출은 적이며,

호화롭게 과시하거나 사치스러운 데 부를 낭비하지 않고,

가진 것보다 한 단계 낮은 수준에서 생활하는 것이

미덕이라는 신념을 받아들였다.

나에게 건네는 한마디

나는 내 잠재력을 온전히 사용하여 목표를 이루고자 했다.

내 에너지를 통솔하고, 나를 고갈시키고,

나의 능력 최대치에 도달해서

나 자신을 뛰어넘는 목표를 세울 필요가 있었다.

부자가 될 수 있다는 신념, 부 자체가 악은 아니라는 믿음,

인생이 쉽지는 않아서 수많은 노력을 해야 한다는 신념,

그리하여 자기실현에 이를 수 있다는 믿음,

난 그 모든 신념을 마음 깊이 새겼다.

그리고 지금의 나는 그 모든 믿음의 결과다.

032 **Convictions**

나에게 건네는 한마디

부로 이끄는 '일'은,

끊임없는 고된 노동으로 이루어진다는 걸 깨달았다.

하지만 어느 시점에 이르러

좋아하는 일은 더 많이 하고,

끔찍한 일은 덜 하고,

정말 싫은 일은 거의 하지 않을 권리를 얻어냈다.

나무가 잘 자라려면,

반드시 몇 년간은 새로운 땅에 적응하는 기간이 필요하다.

나무를 너무 빨리 옮겨 심어서 뿌리가 채 내리지 않으면,

익숙지 않은 환경에서 꽃을 피우기까지 몇 년이 걸린다.

033 **Fulfilling Work**

나에게 건네는 한마디

"자신에게 진실해라.

모두의 심장이 뛰는 일이 아닌 다른 일을 추구해라.

그러면 자신이 누군지 알게 될 것이다.

흥미와 능력이 조화되는 일을 찾아라.

어떻게 찾느냐고?

경험을 통해서, 인생 항로를 생각하면서 찾으면 된다."

성취감이 있는 일을 찾으라.

성취감 있는 일이란 각자의 다양한 가치, 성향, 재주, 야망,

내면의 목소리에 부합하는 것이다.

나에게 건네는 한마디

생의 감각을 느끼게 하고 충족시켜주는 가치를 중심으로
목표와 행동, 생활 방식을 세울 때 성공은 더욱더 보장된다.

"무얼 하며 살아가야 하지?"라고 묻지 말라.
"내가 평생 추구할 나만의 가치는 무엇이지?"라고 물으라.
이 질문이 부를 향한 여정을 더욱 만족스럽게 해줄 것이다.

나에게 건네는 한마디

자신을 호기심과 매혹 대상을 찾아
세계를 여행하는 탐험가라고 생각하라.
인터넷을 검색하고, 서점에서 책을 찾아보고,
도서관에 앉아서 자신의 흥미를 발견할 수 있다.
당신의 마음을 사로잡는 것을 숭배하라.
당신이 끌리는 대상이
당신 영혼 깊이 감춰진 성향, 흥미를 드러낸다.

올바른 일을 추구하는 건 우정과 같다.
흥미가 느껴지는 일을 하는 것이 만족을 준다.
우리는 자신에게 적합한 일을 할 때 최선을 다하곤 한다.
인간은 제한 없는 열정을 발휘할 수 있는 곳에서 대개 성공을 거둔다.

나에게 건네는 한마디

첫째, 자신이 가진 재주가 얼마나 특별한지
어떤 결과를 불러올지에 대해서는 미리 걱정하지 마라.
둘째, 언제 정신적 몰입 상태를 느꼈는지 찾으라.
셋째, 자신의 재주를 찾는 데 적극적인 태도를 가지라.

"승자는 신이 주신 자신의 재능을 알아차린 사람이다.
뼈를 깎는 노력으로 그 재능을 기술로 연마하고,
목표를 달성하는 데 그 기술을 사용하라."

037 **Knacks**

나에게 건네는 한마디

"야망과 소망의 차이는 '희생'에 있다는 건 말해줄 수 있지.
꿈을 포기하면,
한동안은 괜찮아 보일 수 있지만 마침내 억울함이 생겨나지."

"야망 있는 인생이 늘 행복한 건 아니야.
하지만 만족스러운 인생은 되지.
스스로에 대한 만족감을 느끼는 게 행복한 것보다 더 나아.
진정한 야망이 있다면, 어쨌든 거기에 많이 얽매여 있겠지.
그러나 아무것도 하지 않고 해변에서 빈둥대며 야망을 무시하는 건
자네에게 만족을 주지 못할 거야.
그게 좋든 싫든, 자네는 뭔가를 달성하기 위해 움직이겠지."

038 **Ambition**

나에게 건네는 한마디

"스스로 움직이는 원동력이 없는 사람은 평범함에 만족할 것이다.
제아무리 뛰어난 재능이 있다고 해도 말이다."

도토리가 거대한 참나무가 될 운명을 가지고 있듯,
야망을 충족시킬 능력이 없다면
당신에게 그것은 주어지지도 않았을 것이다.
우리의 야망은 우리가 어딘가로 뻗어나갈 거라는 전조다.
야망은 자연스러운 열망이며,
잠재우려 할수록 솟아날 가능성이 있다.

039 **Ambition**

나에게 건네는 한마디

좋은 질문을 하고 매일 자신의 감정에 귀를 기울이며 살아간다면,
올바른 방향을 알려주는 내면의 목소리가 들려올 것이다.
그 일을 하지 않는다면, 혹은 시도해보지 않는다면,
나중에 무엇을 후회하게 될까?

"우리 모두 내면의 스승을 가지고 있다.
무척이나 분명하지만, 때로 조용하게 속삭이는 내면의 안내자,
내면의 목소리 말이다.
마음의 수런거림과 매일의 사건이 주는 압박에 떠밀려
그 정보는 들리지 않을 수도 있다.
하지만 마음을 차분히 한다면,
그동안 주의를 기울이지 않고 있던
그 무언가를 들을 수 있게 된다.
내게 올바른 것이 무엇인지 발견하게 된다."

나에게 건네는 한마디

부를 일구기 위해서는

행동의 결과와 행동하지 않았을 때의 위험을 가늠하고

결단하는 순간이 필요하다.

자신의 미래가 위험에 처해 있음을 알게 된다면,

무엇을 하게 될까?

"실패는 고통스럽다.

하지만 최악은 성공하려고 시도조차 하지 않는 것이다."

Courage

나에게 건네는 한마디

'비현실적'이라 함은 그저 하나의 의견일 뿐이다.

절대 노하우가 없다는 이유로 당신의 꿈을 축소시키지 말라.

꿈을 가지고 시작하고, 마음속에 지니고, 숙고하고,

'어떻게'라는 질문이 나타나도록 두라.

현실적인 기대에 냉소를 날려라.

현실적이라는 말은, 대개 보통 사람이 된다는 뜻이다.

Be Unrealistic

나에게 건네는 한마디

강단은 야망, 용기, 의지가 줄어들었을 때,
태풍을 견디고 역경을 헤쳐나가는 힘이다.
무기한의 고통과 업무량, 희생, 좌절을 감내하는 능력이다.

희생과 인내의 시험을 통과하는 사람들만이
특별한 보상을 받을 수 있다.

나에게 건네는 한마디

"부자가 되기 위해 반드시 필요한 기술은,
부정적인 사람들로부터 자신의 마음을 보호하는 거란다.
부정적인 사람들은 운을 많이 빼앗기지."

"진정한 친구란 너희가 될 수 있는 그 어떤 사람이든
될 수 있도록 도와준다.
그런 친구들은 친구의 성장을 기뻐하지.
너희가 최선을 다하게끔 돕는 친구,
잠재력을 발휘하길 바라는 친구를
내부자 집단에 포함시켜야 한단다."

나에게 건네는 한마디

"현자와 걷는 사람은 현명해진다."

부를 일구는 데는
다른 사람이 주는 부정적인 영향력을 방지하기 위한 문지기와
긍정적인 영향을 주는 내부자가 필요하다.

어떤 내부자는 선한 영향력을 미칠 수 있지만,
또 다른 내부자는 자신감을 깎아내릴 수 있다.
이 과정에서 현명한 판단이 선행되어야 한다.
나에게 쓰디쓴 조언을 한다고 해서
나쁜 내부자라 할 수는 없기 때문이다.

나에게 건네는 한마디

"운명을 빚는 건, 결정의 순간이다."

모든 결정은 나름의 의미가 있다.
결정하고 책임을 다하는 일을 지속하다 보면
결정에 대한 자신감이 점차 커진다.
우리의 삶을 스스로 통제하기 위해,
환경에 휘둘리지 않기 위해
결정의 순간을 즐기길 바란다.

나에게 건네는 한마디

신성한 노력은 능력의 한계 지점에서
마지막 힘을 쥐어짜는 것이다.
깊은 곳에서부터 끌어올린 잠재력이다.
보통 이상의 노력에는 만족감이 따라오지만
보통의 노력은 후회를 남길 수 있다.

"분투했던 것, 노력한 것,
특정한 이상을 현실로 만든 것, 이것만이 가치가 있다."

자기 자신을 모두 쏟아부으라.
반드시 응답이 있다.

047 **Sacred Efforts**

나에게 건네는 한마디

"목표를 세우고 그것을 달성하는 습관을 기르면,
절반은 성공이다."

일단 마음속에 목표가 뿌리내리면
우리는 목표 달성에 관한 믿음을 가지게 되고,
세계는 서서히 변화하게 된다.
그리고 그에 부합하는 우연한 사건들이 발생한다.

자신에 대한 믿음과 명확한 목표들은
이전에 알아채지 못한 기회들에 빛을 비추어준다.

048 **Money Goals**

나에게 건네는 한마디

"누군가 한 시간 낭비하는 걸 별거 아니라고 생각한다면,
그 사람은 가치 있는 삶이란 무엇인지 깨닫지 못할 것이다."

성공에는 시간이 필요하다.
하루의 시간표가 우리가 어떤 사람이 되고, 무엇을 얻어내고,
평생 얼마나 부를 축적할 수 있을지를 결정한다.
오늘 보낸 시간이 내일을 말해준다.

049 **Schedule**

나에게 건네는 한마디

'가장' 원하는 것과 '지금' 원하는 것을 기꺼이 맞바꾸라.

행동의 동기가 마음 깊은 곳에 있을수록,

저항을 견뎌내고, 핑계를 만들지 않고,

희생을 선택하고, 좋은 계획을 세우고,

계획을 따르기 위해 더 열심히 노력하게 될 것이다.

"살아야 할 이유가 있는 사람은 거의 모든 일을 견딜 수 있다."

A Big Why

나에게 건네는 한마디

감사하는 마음을 품으면 믿음이 생긴다.
잘 해낼 수 있다는 믿음,
나를 둘러싼 모든 상황이 긍정적으로 돌아갈 거라는 믿음 말이다.

놀라운 점은,
모든 일은 내가 믿는 대로 될 가능성이 크다는 것이다.
어떤 상황이든 감사하는 마음을 품으라.

051 **Gratitude**

나에게 건네는 한마디

확신은 단순히 믿는 것이 아니다.

희석되지 않은 믿음이며,

현실을 초월한 높은 의식으로,

지휘권을 부여해준다.

확신은 부인될 수 없는, 엄청난 고집이다.

그것은 비록 무슨 일이 발생한다 하더라도

타협할 수 없는 개념이며,

마음속에서 이미 이루어진 결과물과도 같다.

감사는 사건이 일어나게 하고,

확신은 싸움에서 승리하게 해준다.

확신하는 태도는 목표를 달성하는 사람들의 공통적인 특성이다.

무모해 보일 수도 있지만 그들은 흔들림이 없다.

052   **Certitude**

나에게 건네는 한마디

목표가 자석이라면, 확신은 자성이다.

목표 주위에 존재하는 보이지 않는 힘으로

우연, 협력, 행운을 끌어당긴다.

완전한 성취로 가닿는 여정에서

우리는 자신의 마음에 대해 잘 알게 된다.

역경에 침착하게 대응하고, 압박의 상황에서 균형을 잡고,

의혹에 직면해도 착실히 나아가면서 성장하는 것이다.

목표를 설정하는 건 쉽지만, 목표를 이루는 데는 힘이 요구된다.

매일의 확신이 없다면 목표를 얻어내기 어렵다.

053 **Certitude**

나에게 건네는 한마디

의지를 가지고 결승점에 집중하라.

상상한 결과에 죽기 살기로 달라붙고 주의를 집중하라.

아주 큰 꿈을 꾸라.

꿈을 꿈으로써, 그렇게 될 것이다.

나에게 건네는 한마디

"마음의 속도를 늦추는 것만으로,
순간이 어마어마하게 확장되는 것을 보게 될 것이다.
그전에는 보지 못했던 것들이 보일 것이다."

침묵 속에서 내면의 지혜를 감지할 수 있다.
매일 명상을 하라.
현안에 눈이 밝아질 것이다.

오직 고요 속에서만 중심을 잡고 강점을 회복할 수 있다.

055 **Meditation**

나에게 건네는 한마디

"우리의 내면에는 하나의 목소리가 있다.
그 목소리는 언제나 올바른 방향을 알려주려 속삭인다.
그 어떤 스승, 설교자, 부모, 친구, 심지어 현인이라 해도
나에게 맞는 게 무엇인지 결정해줄 수 없다.
그저 내면에서 들려오는 목소리에 귀를 기울여라."

나에게 건네는 한마디

"생각을 명확하게 하려면,
방해받지 않고 집중하고 상상력을 충족시킬 수 있는,
고독의 시간을 가져야 한다."

하루하루 성가신 문제들을 해결하기 위해,
때로는 단순히 삶의 방향을 숙고하기 위해,
우리는 홀로 있을 시간이 필요하다.

057 **Retreat**

나에게 건네는 한마디

"제대로 되어간다는 느낌이 들지 않는다면,
그 일을 하지 마라. 그것이 교훈이다.
그리고 이 교훈이 당신을 비탄에서 구해줄 것이다."

빡빡한 일상에서 잠시 멈추고 직관에 귀 기울일 때만이
장차의 재앙을 감지할 수 있다.
우리의 이성과 직관 모두를 사용할 때,
미래의 재난을 피할 수 있다.
좋지 않은 기분이 든다면, 그것은 좋지 않은 것이다.

Sixth Sense

나에게 건네는 한마디

"인간의 불만족으로부터 최고의 진보가 일어난다."

"불만족은 진보의 첫 번째 조건이다.
사람들은 안주하기를 원한다.
그러나 안주에서 벗어날 때 희망이 생겨난다."

059 **Discontentment**

나에게 건네는 한마디

"편안하고 안전한 안락지대는 감옥과도 같다.
거기 있는 동안, 당신은 한없이 뒤처지게 될 테니 말이다."

편안함은 우리로 하여금 지금처럼 낮은 목표를 가지고
적은 봉급을 받으며 그저 파산만 면하며 살도록 한다.

누구나 불확실한 미래를 두려워하지만,
오직 강한 사람들만이 현실에 안주하지 않고 떨치고 일어선다.
변화는 그런 이들에게 일어난다.

060 **Financial Fear**

나에게 건네는 한마디

"스스로를 지지해라.
넌 이것보다 더 나은 사람이다.
네가 놓인 원치 않는 상황을 바꿔라.
그걸 견디지 마라.
너 자신을 위해, 네 야망을 위해 힘껏 싸워라.
스스로 환경을 만들어라.
네가 가진 꿈보다 더 작은 것에 안주하지 마라."

온전하고 날카로운 정신,
즉 스트레이트 엣지 상태를 늘 유지해야 한다.
맑고 깨끗한 정신으로 못 해낼 것은 없다.

061 **Straight Edge**

나에게 건네는 한마디

"위대한 삶을 얻어내고자 위험한 정글을 지나가야 한다고 상상해보라.
지금 있는 곳에 안전하게 머물며 평범한 삶을 살 수도 있고,
정글을 지나는 위험을 감수하고 아주 멋진 삶을 손에 넣을 수도 있다.
그 선택에 어떻게 다가갈 것인가?"

불편한 다리를 지나야 변화가 남는다.
반대편으로 가기 위해서는 위험한 정글을 지나야만 한다.
아주 멋진 삶을 얻기 위해서는
까마득한 협곡 위에 걸쳐져 금방이라도 부서질 듯한 다리를
뚜벅뚜벅 걸어가야만 한다.

나에게 건네는 한마디

"매일 아주 조금의 불편도 없다면,
성장하지 못하고 있는 것이다.
좋은 일들은 모두 안전지대 바깥에 있다."

불편의 다리에 발을 디뎌야 인생의 자유가 찾아온다.
부를 열망한다면, 불확실성과 취약성을 받아들여야만 한다.
우리는 영원히 안정보다 야망을, 쉬운 것보다 노력을,
핑계보다 분투를, 안주보다는 기여를 선택해야만 한다.

063 **Discomfort Bridges**

나에게 건네는 한마디

혹시 매일 문제가 터진다고 절망하고 있진 않는가?

하나를 해결하면 또 다른 난제가 당신 앞에 나타나는가?

그렇다면 당신은 잘 살고 있는 것이다.

그만큼의 지력과 책임감을 지니고 있다는 뜻이니까.

성공은 계속 문제를 현명하게 다루어나가는 사람들에게 찾아온다.

나에게 건네는 한마디

"야외에서 걸어야 한다.
그래야 공기를 쐬고 깊이 숨을 들이쉬면서
마음이 풍성해지고 새로워진다."

걷기가 생각에 필수적인 것은 아닐 수 있지만,
인생의 회오리와 소음들로부터
시간과 공간을 제공해주는 것은 확실하다.
걷기는 우리 삶을 생각하고, 평가하고, 전략화하는 시간을 준다.

몸을 움직일 때 영혼도 깨어난다.

나에게 건네는 한마디

"현명히, 그리고 천천히."

신중하지 못해서 벌어진 실수는 너무나 많다.
서둘러 결정했다가 오판하는 경우도 흔하다.
감정에 휘둘릴 수도 있고, 무모한 선택을 할 수도 있다.
신중하게 말하고 행동해서 나쁠 건 없다.
자신이 가장 흥미를 느끼는 일에 대해
늘 오래도록 멈춰 서서 차분히 생각하고,
최악의 경우를 그려보아야 한다.

066 **Prudence**

나에게 건네는 한마디

"인생에서 뭘 바라는지 정확히 결정하게,
그러니까 그것 없이는 살아갈 수 없는 게 뭔지를 말하는 거야."

"성공한 사람과 '진짜' 성공한 사람의 차이는
'진짜' 성공한 사람은 대부분의 것에 대해
'아니오'라고 말한다는 것이다."

목표를 고르고 온전히 그 목표에 집중하라.

나에게 건네는 한마디

"한 가지 목표에 초점을 맞추고 앞으로만 뛰어야 해.

하지만 융통성을 갖고 임해야 한단다.

부로 가는 여정에서 오직 확실한 건,

끊임없이 때에 맞게 새로운 계획을 짜야 한다는 거야.

넌 언제든 전략을 바꿀 수 있단다."

"네가 열망하는 결과에 집중하여

직감과 아이디어가 떠오르고 생각이 번뜩이기를 기다려라.

깊이 숙고하다 보면 지침이 떠오를 거야."

068 **Flexible Plans**

나에게 건네는 한마디

"과거의 패턴을 깨뜨리고 싶다면,
지식을 통해 그렇게 할 수 있지.
인생을 불리한 출발선에서 시작할 수도 있지만
교육은 동등한 거야.
더 나은 삶으로 갈 수 있는 유일한 길이지."

"능력을 더욱 키워야 해.
인생은 선택들의 결과이고,
최선의 결정은 보다 깊은 지식에서 나온단다.
배움이 미래를 확장시켜줄 거다."

069 **Learning Curves**

나에게 건네는 한마디

"자신의 생각을 다스려라.
그리고 지속적으로 자신의 목표와 목적으로 생각을 이끌어라.
얻고자 하는 목표와 그 목표를 달성할 방법을 찾는 데 초점을 맞추어라."

정신적 전투는 매일같이 새로 시작된다고 해도 과언이 아니다.
극기하는 법을 알지 못하면 부정적 생각과 의심이 끊임없이 생겨난다.
스스로를 통제하는 가장 좋은 방법은
한 가지 목표에 초점을 맞추는 것이다.

극기의 본질은 자신이 원하는 것을 '정확히' 아는 것, 즉 명료함이다.
매일 목표를 '수행하는' 훈련이고, 자기 자신에 대한 이해다.

나에게 건네는 한마디

목적지에 도착했어도 더 멀리까지 가라.

모두의 예상보다 조금 더 많이 행하라.

예상보다 더 오래 일하라.

다른 사람들에게 자신의 뛰어난 점을 보여주라.

해결책을 제시하라.

탁월해지는 걸 목표로 삼으라.

불평하지 말고 평균 수준이라고 위안하지 말라.

팀을 이끌라.

질적인 향상만 생각하라.

"당연히, 뛰어난 일들은 주목받게 되어 있다.

스스로 만족할 만큼 뛰어난 일을 만들어내고 있는가?

그렇지 않다면, 당신은 평균적인 사람이다."

우리는 뛰어난 사람이 되든가,

그렇지 않으면 대체 가능한 사람이 되고 말 것이다.

071 **Remarkability**

나에게 건네는 한마디

직업적 레버리지는 탁월한 태도와 함께
유용한 기술을 제공하는 데서 얻어진다.

협상 자리에서 선택권이 있다는 건,
협상에서 힘이 있다는 것이다.
그 사실을 인식하고,
자신만의 레버리지를 갖추려 노력할 필요가 있다.

나에게 건네는 한마디

"칭찬과 진솔한 감탄으로 시작하라."

내 경험상, 나눔과 베풂만큼
성공의 법칙에서 큰 비중을 차지하는 가치는 없었다.

"사람들은 당신이 말한 것과 행한 것은 잊을 것이다.
하지만 당신이 그들에게 어떤 감정을 느끼게 했는지는
절대 잊지 않는다."

073 **Sociability**

나에게 건네는 한마디

"모든 역경은 역경만큼 혹은 역경보다
훨씬 큰 이익이 될 씨앗을 품고 온다."

우리는 역경을 통해 위기를 견뎌내는 법을 배운다.
그건 자신이 얼마나 강한지 알려주는 것 외에는
극히 이득이 적은 고통스러운 심판이기도 하다.
자신이 유일하게 통제할 수 있는 건,
자신의 사고와 태도뿐이란 사실도 배우게 된다.
모든 것이 끝났을 때,
나는 내가 어느 정도의 회복탄력성을 가지고 있는지
더욱 정확하게 이해하게 되었다.
내면의 힘이 강해진 느낌도 받았다.

Sour Adversity

나에게 건네는 한마디

불쾌한 상황에 저항하는 것은 도리어 고통의 근원이 되기도 한다.

그 상황을 받아들이는 것은

그 상황을 극복하는 첫 번째 발걸음이 될 수도 있다.

물론 힘든 상황을 즐길 필요는 없다.

다만 적응하고 수용해야 새로운 방향이 찾아진다.

현실은 종종 내가 원하는 대로만 풀리지 않고

언제나 풀기 힘든 숙제를 안긴다.

마냥 피하거나, 맞서 싸우기보다

있는 그대로 인정하고 수용할 때

전보다 현실이 더 명확하게 보일 수 있다.

075 **Acquiescence**

나에게 건네는 한마디

"감정은 인생의 내비게이션이다.
뭔가를 해야 한다거나 하지 말아야 할 때,
감정의 안내 체계가 길을 알려줄 것이다."

스트레스나 분노, 걱정, 불안함이 느껴진다면,
그건 무언가가 잘못되었다는 걸 본능이 말해주는 것이다.
당신이 해결하거나 다루어야 할 무언가가 있다는 메시지다.
더 필요하거나 덜어내야 할 게 있다는 뜻이며,
어떤 것을 시작하거나 어딘가에서 빠져나와야 한다는 뜻이다.
우리는 자주 '신성한 불만족'으로 인해 고통을 받게 된다.
그러나 그 고통은 삶에서 반드시 필요한 고통이다.

나에게 건네는 한마디

"실패하는 사람의 99퍼센트는 변명하는 습관이 있다."

우리는 자신이 처한 경제적 조건들에 결코 책임이 없지 않다.
잘못된 직업을 유지하는 것도, 불안정하게 사는 것도,
시간이 없는 것도, 돈을 모으지 못한 것도
다 우리 잘못이다.
모든 것이 그렇게 되도록 행동했고, 계속 그렇게 하고 있다.
다른 이들을 탓하거나, 혹은 자신을 둘러싼 환경을 탓한다면
변화에 쓸 힘을 포기하는 것이다.
우리 자신은 모두 스스로 만든 것이다.
오직 성공한 사람들만이 그 사실을 인정한다.

077   **Accountability**

나에게 건네는 한마디

"넌 이제 네가 삶에서 뭘 원하는지를 분명히 안 거야.

그 방향을 향해 하루하루를 사용하거라.

초조해하지 말고 네게 주어진 역할을 하고,

매일 주의 깊게 물을 준다면 네 꿈이 뿌리를 내리는 게 보일 거야.

계획이란 늘 정돈된 정신에서 나온다는 사실을 잊지 마.

네 정신이 목적과 믿음으로 가득 채워지면,

가을 추수가 펼쳐질 거란다.

네가 상상할 수 없는 기회들이 나타날 거야."

나에게 건네는 한마디

매일 1달러를 저축하는 것은
보기에는 하찮아도 삶에 영향을 주었다.
이 간단한 행동은 부에 관한 의식을 발전시켰다.

이는 내게 방향을 제시해주었다.
더 중요한 건, 이 작은 발걸음이 내게 희망을 주었다는 것이다.

"할 수 있는 게 거의 없는 것 같아도,
일단 발걸음을 떼라.
아무것도 하지 않으면 아무것도 남지 않는다."

079 **Direction**

나에게 건네는 한마디

"성공은 하루하루 반복된,
영향력 있는 작은 일들의 결과다."

가장 좋았던 당시 기억은,
부의 방향으로 움직이고 있기 때문에
내가 일하는 날들이 의미가 있다고 느꼈다는 점이다.
사소하고 작은 루틴이 정신적인 위안을 준 것이다.
방향이 옳으면 속도는 그리 중요하지 않다는 깨달음도 얻었다.
멀리, 더 멀리 있는 목표에 대해 끊임없이 생각하게 해주었기 때문이다.

나에게 건네는 한마디

행복＝방향

삶의 방향은 수련에서 얻어진다.

• 저항이 있는 것을 하라, 모든 성장에는 저항이 요구된다.
• 고난을 뚫고 나아가라, 영광은 편안함 너머에 있다.
• 실패에 뛰어들라, 현재 능력에 도전하라.
• 고통을 받아들이라, 고통은 약점을 제거해주는 동업자다.
• 더 큰 목표를 세우라, 크게 생각하며 긴장을 유지하라.

나에게 건네는 한마디

"누군가를 다른 사람들과 다르게 만드는 하나의 자질,

다른 사람들이 평범함이라는 수렁에 빠져 있는 동안

누군가를 달라 보이게 만드는 핵심 요인은

재능도, 교육 수준도, 지적인 영민함도 아니었다.

그건 바로 자기 수련이다.

자기 수련이 없다면,

가장 단순한 목표도 불가능한 꿈처럼 보일 수 있다."

스스로를 관리하는 사람은, 외적인 고통에 쉽게 쓰러지지 않는다.

나에게 건네는 한마디

지금 내가 하고 있는 일과 그 방식이

목표를 이루는 가장 효율적인 방법인지 어떻게 확인할 수 있을까?

스스로 두 가지 질문을 던져라.

첫째, 그 일을 하는 동안 완전히 몰두해 있는가?

이 질문에 답해보면 들인 시간만큼의 결과물이 자신에게 주어지는지,

그 일을 자신이 진정으로 즐기고 있는지 알 수 있다.

둘째, 하루라도 그 일을 하지 않는다면 어떤 결과가 펼쳐지는가?

이 질문에 끔찍한 상황이 떠오른다면,

그 일은 목표를 향해가는 데 매우 중요한 활동임이 분명하다.

나에게 건네는 한마디

"많은 일들이 질문을 하지 않아서 사라진다."

자신이 원하는 것을 소리쳐 말하지 못한다면,
문은 열리지 않는다.
최고의 기회는 다른 사람들에게 '그렇다'라고
대답할 기회를 줄 용기 있는 사람들에게 있다.
침묵하는 다수에게 문은 닫힌 채로 있을 것이다.
원하는 것을 뒤쫓지 않으면, 결코 그것을 가질 수 없게 된다.
묻지 않으면, 대답은 늘 '아니오'일 것이다.
앞으로 한 걸음 나아가지 않으면, 늘 같은 자리에 머물게 될 것이다.
대담한 질문 자체가 문을 여는 열쇠다.

084 **Asking**

나에게 건네는 한마디

부는 힘이다.
경제적 풍요가 있으면 많은 일이 가능해진다.
부는 당신의 선택지를 확장시킨다.

풍족하다는 건 내가 사랑하는 사람들이
매일 걱정할 필요가 없다는 뜻이다.
나는 그들에게 따뜻한 담요가 되어준다.
그리고 자본이 가진 힘은 내게 안전망이 되어준다.
충분한 돈이 주는 궁극적인 축복은
돈이 충분한지 불안해하지 않아도 된다는 것이다.
마음의 평화는 값을 매길 수가 없다.

085 **Affluence**

나에게 건네는 한마디

성공에는 건강과 에너지, 삶에 대한 열정, 충만한 관계,
창조적인 자유, 감정적·심리적 안정,
행복감, 마음의 평화도 포함된다.

무엇이 자신을 괴롭히든
언제나 스스로를 용서해야 하는 시기가 있다.
자신을 용서하기 힘들 정도로 감정의 소용돌이에 휩싸일 때,
스스로를 용서하고 돌보는 것은 일종의 용기다.

나에게 건네는 한마디

"부란 삶의 방식일지도 몰라.

올바른 일을 향해 나아가는 하나의 방향 말이야.

올바른 일을 오래 할수록 습관이 된단다.

습관은 힘들이지 않고 성취해낼 수 있다는 말이 아니라,

시간이 지남에 따라 의지를 발휘하지 않고도

저절로 행해지게 된다는 말이다.

습관은 우리를 나아가게 하고,

결국 우리를 지배하지."

나에게 건네는 한마디

우리는 습관을 만들고, 습관은 우리를 만든다.

"습관을 바꿀 수 있다는 것을 이해하게 되면,
습관을 다시 만들 자유와 책임도 갖게 된다.
습관을 다시 세울 수 있다는 것을 이해하게 되면,
습관의 힘을 파악하는 것이 더 쉬워지고,
유일하게 남은 선택지는 일을 시작하는 것뿐이다."

나에게 건네는 한마디

부에 대한 비전을 간직하라.

목표를 적고, 밤낮으로 읽으라.

부를 이룬 자신의 모습을 그려보고,

그 보상을 얻어내기 위해 몸 바치는 모습을 상상하라.

부가 당신의 운명이라고 스스로에게 확신을 주어라.

자연스러워질 때까지 풍족함을 머릿속에 그리라.

부를 마음 깊숙한 곳에 심으라.

온갖 의심을 쫓아낼 수 있는 믿음을 세우라.

"부를 생각하는 일은 철이 자석에 달라붙듯

경제적 안정을 끌어당긴다."

나에게 건네는 한마디

"잔치를 하면서 부자가 될 수는 없다."

진짜 부자들은 겸손함을 지니고 있으며, 독립적 사고를 한다.

부자들은 빈털터리처럼 살아서 부자가 되고,

파산자들은 부자처럼 살면서 파산 상태에 머문다.

미래의 백만장자는 지출을 관리한다.

그들은 사치스러운 생활을 뒤로 미룬다.

만족감을 뒤로 미루는 것은 경제적 축적의 핵심이다.

즉각적인 만족은 장기적인 부를 방해한다.

090 **Frugality**

나에게 건네는 한마디

"노동은 부를 이끄는 가장 확실한 방법이다."
"노동 없이는 부도 없다."

더 많은 것을 원한다면, 더 많이 일하라.

깨어 있는 시간을 모두 사용할 때, 모을 돈이 생겨날 것이다.
지출이 수입보다 느리게 증가한다면,
우리는 그 차액을 모으거나 투자할 수 있고,
마침내 부를 쌓을 수 있을 것이다.

091 **Profitability**

나에게 건네는 한마디

"빚이 있는 사람은 노예와 다를 바 없다."

빚진 이들은 희생의 고통이나 노예의 고통으로 몸부림친다.
빚은 우리가 잠자는 동안에도 이자를 누적시키는 잔인한 주인이다.

우리는 빚 때문에 노예가 된다. 빚을 갚으라.

092 **Get Out of Debt**

나에게 건네는 한마디

"돈을 모으라, 그러면 돈이 당신을 구할 것이다."

만일 돈을 모으지 않는다면,
얼마나 버는지와 상관없이 늘 쪼들리게 될 것이다.
부를 이루는 일은 적은 돈을 계속 모아나가며
결승선까지 한 걸음씩 나아가는 마라톤과도 같다.
그리고 어느 정도 저축액이 쌓이게 되면,
더 큰 부자의 길로 들어설 새로운 문이 열린다.

"돈을 모을 수 없다면,
위대함의 씨앗은 당신 안에 존재할 수 없다."

093 **Save Urgently**

나에게 건네는 한마디

재정 점수를 기록하는 것은,
삶에서 회오리가 몰아치는 혼란스러운 상황이 벌어졌을 때
부를 추적 관찰하게 해준다.

순자산을 추적하는 일은
결정을 내리고 행동을 취하는 데 매우 유용한 도구가 된다.
부는 어쨌든 근본적으로 숫자에 관한 것이다.

"순자산을 동전 한 닢까지 알게 해줄 방침을 만들어라.
순자산을 이루는 네 가지 요소 모두에 주목해라.
수입 증가, 저축 증가, 투자 수익 증가,
생활 방식을 단순화한 데서 오는 생활비 절감 말이다."

Keep Score

나에게 건네는 한마디

"인플레이션을 이겨내기 위해서는 어디에 돈을 투자해야 할까?"

부를 축적하고자 하는 모든 사람이 직면하는 질문이다.

진정한 투자를 하기 위해서는

현재 상황이 주는 편익에 올라타려 하기보다,

현명한 눈으로 미래를 응시하며

지금 있는 위치에서 무엇을 해야 하는지 깨달아야 한다.

095 **Beat Inflation**

나에게 건네는 한마디

"한 해 한 해의 결과를 지나치게 심각히 여기지 마라.
대신 4~5년간의 평균에 초점을 맞춰라."

투자의 위험은 잘못된 행동에 의해 더 많이 발생한다.
위험은 두려움의 위협이나 탐욕의 유혹으로부터
충동적으로 일어난 결과다.
안전하려면, 주식 시장이 완전히 망하고
얻을 게 없을 때 팔지 않아야 하고,
다른 사람들이 당신의 꾸준한 수익률을 능가할 때도
욕심내지 않아야 한다.

096 **Minimize Risk**

나에게 건네는 한마디

현명하게 축적된 돈은 천천히, 저절로 불어나기 시작한다.

부의 씨앗이 자라기 시작한다.

꾸준한 저축은 상상할 수 없는 방식으로 부를 증식하며,

우리는 저축뿐만 아니라 씨앗을 심고 내버려두는 것으로 부를 증식한다.

"큰돈은 사고파는 것에 있지 않다. 기다림 속에 있다.

대부분의 사람들은 너무나 조바심을 내고 너무 많은 걱정을 한다.

성공은 인내심을 필요로 하지만, 때가 되면 대단히 적극적이다."

나에게 건네는 한마디

"직업은 너의 시간과 돈을 맞바꾸는 거란다.
투자는 너의 돈과 돈을 맞바꾸는 것이고.
직업은 네가 돈을 벌기 위해 일하는 것이고,
투자는 돈이 너를 위해 일하는 거야.
이건 큰 차이가 있단다."

부란 그 자체로 풍성하게 흘러가는 소득의 강물이다.

"잠자면서 돈을 벌 방법을 찾지 못한다면,
죽을 때까지 일하게 될 것이다."

나에게 건네는 한마디

1. 단순함: 부를 추구하는 일에는 단순성이 필요하다.

2. 무심함: 부를 추구하는 일에는 물질적 소유에 대한 무심함이 필요하다.

3. 자기 수련: 부를 추구하는 일은 나를 자기 수련으로 몰아간다.

4. 온전한 시간: 부를 추구하기 위해서는 시간을 온전히 써야 한다.

5. 영성: 부를 추구하는 일은 나를 영성으로 이끈다.

6. 효율성: 부를 추구하는 일에는 효율성이 필요하다.

7. 끈기: 부를 추구하는 일은 매일 끈기 있게 해나가도록 나를 몰아세운다.

8. 인내: 부를 추구하는 일은 내게 인내의 미덕을 가르친다.

9. 희생: 부를 추구하는 일은 희생을 가르쳐준다.

10. 극기: 부를 추구하는 일에는 극기가 필요하다.

11. 용기: 부를 추구하는 일에는 두려움과 용기 사이의 싸움이 끊임없이
　　　수반된다.

12. 전념: 부를 추구하면 전념하는 법을 배울 수 있다.

13. 정확한 판단: 부를 추구하는 일에는 계속 정확한 판단을 해나갈 것이
　　　요구된다.

14. 기여: 부를 추구하면 공동의 이익에 기여하는 가치를 배울 수 있다.

15. 만족감: 부를 추구하면 힘을 얻고, 매일 엄청난 만족을 느끼고, 뜻밖의
　　　기쁨을 발견할 수 있다.

나에게 건네는 한마디

풍성한 수확

세상에서 가장 부유한 정원사는 시간을 들여 삶을 이룩한 사람이며,

조건에 구애받지 않는 태도를 익힌 사람이다.

스스로 얻는 것 외에 어느 것도 허용하지 않으며,

결과에 상관없이 노력에 대한 자부심을 아는 사람이며,

적은 것에 만족하기보다 "나라고 안 될 게 뭐야"라고 조용히 묻는 사람이다.

그는 비현실적인 선지자이며 때론 조롱받을 각오를 한 사람이고,

독립적으로 생각하는 사람이다.

그리고 영혼의 이끌림을 따랐을 때 무슨 일이 벌어질지 궁금해하면서

후회할 일을 저지르지 않도록 내면의 목소리에 귀 기울이는 사람이다.

그는 목적을 가지고 살아가는 사람이다.

매일 나가서 열심히 일하는 사람이다.

행복보다는 만족감을 추구하는 사람이다.

차이를 만들어내고, 세상을 더 나은 곳으로 만들려는 사람이다.

그러나 자신의 행동들이 영향력을 발휘하지 못했을 때도,

노력을 다하지 않아서 실패한 게 아님을 아는 사람이다.

마침내 삶의 마지막 순간에 이르러

목적을 지니고 열정과 양심에 따라 살았노라 말할 수 있는 사람이다.

나에게 건네는 한마디

존 소포릭 John Soforic

특별한 재능이나 전문 기술, 뛰어난 학력 등 차별화된 경쟁력 없이 20대를 시작했다. 부의 상징인 돈은, 없으면 불편함을 넘어서 삶을 불안과 공포, 절망 상태로 끌고갈 수 있다는 것을 경험했다. 척추 교정사로 일하며 평범한 소득을 벌었지만 평생 부를 추구하는 삶을 산 끝에 성공적인 부동산 사업가가 되었다. 진짜 부란 '경제적 자유'라는 믿음으로, 아들에게 부자가 되기 위한 지혜를 들려주기 위해 『부자의 언어』를 썼다.

이한이 옮김

출판기획자이자 번역가로 활동하고 있다. 옮긴 책으로 『창조적 괴짜를 넘어서』, 『몰입, 생각의 재발견』, 『New』, 『아주 작은 습관의 힘』, 『울트라러닝』, 『킬러 넥스트 도어』, 『지옥에서 보낸 한철』 등 다수가 있으며 지은 책으로는 『문학사를 움직인 100인』이 있다.

매일 마음에 새기는

부자의 언어 100개의 철학

펴낸날 초판 1쇄 2023년 5월 1일

지은이 존 소포릭

옮긴이 이한이

펴낸이 이주애, 홍영완

편집장 최혜리

편집2팀 문주영, 박효주, 홍은비, 이정미

편집 양혜영, 박주희, 장종철, 김하영, 강민우, 김혜원, 이소연

디자인 김주연, 박아형, 기조숙, 윤소정, 윤신혜

마케팅 김태윤, 연병선, 정혜인, 최혜빈

해외기획 정미현

경영지원 박소현

펴낸곳 (주)월북 **출판등록** 제2006-000017호

주소 10881 경기도 파주시 광인사길 217

전화 031-955-3777 **팩스** 031-955-3778

홈페이지 willbookspub.com **전자우편** willbooks@naver.com

블로그 blog.naver.com/willbooks **포스트** post.naver.com/willbooks

페이스북 @willbooks **트위터** @onwillbooks **인스타그램** @willbooks_pub

ISBN 979-11-5581-592-2 03320